BULLETIN OFFICIEL
DU MINISTÈRE DE LA GUERRE.

ÉDITION MÉTHODIQUE.

SERVICE DE PLACE

Supplément arrêté à la date du 31 décembre 1912.

PARIS

HENRI CHARLES-LAVAUZELLE
Éditeur militaire
10, Rue Danton, Boulevard Saint-Germain, 118
(MÊME MAISON A LIMOGES)

BULLETIN OFFICIEL
DU MINISTÈRE DE LA GUERRE.

ÉDITION MÉTHODIQUE.

SERVICE DE PLACE

Supplément arrêté à la date du 31 décembre 1912

PARIS

Henri CHARLES-LAVAUZELLE
Éditeur militaire
10, Rue Danton, Boulevard Saint-Germain, 118

(MÊME MAISON A LIMOGES)

BULLETIN OFFICIEL
DU MINISTÈRE DE LA GUERRE.

ÉDITION MÉTHODIQUE.

SERVICE DE PLACE

1° Dispositions générales.

Page 82.

Circulaire interprétative du décret du 7 octobre 1909 portant règlement sur le service de place.

(Cabinet du Ministre; Bureau de la Correspondance générale.)

Paris, le 17 juin 1910.

L'expression *tenue du jour*, employée dans le décret du 7 octobre 1909 sur le service de place, ayant été supprimée par le décret du 25 mai 1910 portant règlement sur le service intérieur des corps de troupe et remplacée par l'expression *tenue de sortie*, c'est dans ce dernier sens que doit être entendue l'expression *tenue du jour*, employée dans le premier des décrets susvisés.

Page 31.

Décret modifiant le décret du 7 octobre 1909 sur le service de place (art. 52).

(Cabinet du Ministre; Bureau de la Correspondance générale.)

Paris, le 4 mars 1912.

DÉCRET.

Le Président de la République française,

Sur le rapport du Ministre de la guerre;

Vu le décret du 7 octobre 1909 sur le service de place;

Vu la loi du 30 décembre 1911, modifiant l'article 187 du code de justice militaire pour l'armée de terre et l'article 239 du même code pour l'armée de mer, concernant la peine de mort;

Vu l'avis du Ministre de la justice, du Ministre des affaires étrangères, du Ministre de l'intérieur, du Ministre des finances et du Ministre de la marine;

Le Conseil d'Etat entendu,

Décrète :

Art. 1er. L'article 52 du décret du 7 octobre 1909 sur le service de place est complété ainsi qu'il suit :

« Lorsque, conformément à la loi du 30 décembre 1911, le condamné doit avoir la tête tranchée en vertu d'un jugement rendu en temps de paix par un conseil de guerre de la métropole pour un crime autre qu'un crime exclusivement militaire, aucune des dispositions qui précèdent, sauf celle du paragraphe 5, ne reçoit application. Les conditions dans lesquelles il est procédé à l'exécution sont déterminées par une instruction générale concertée entre le Ministre de la guerre et le Ministre de la justice. »

Art. 2. Le Ministre de la guerre et le Ministre de la justice sont chargés, chacun en ce qui le concerne, de l'exécution du présent décret, qui sera publié au *Journal officiel* et inséré au *Bulletin des lois*.

Fait à Paris, le 4 mars 1912.

A. FALLIÈRES.

Par le Président de la République :

Le Ministre de la guerre,

A. MILLERAND.

Page 82.

*Décret portant application aux colonies du règlement
du 7 octobre 1909 sur le service de place.*

(Cabinet du Ministre; Bureau du Personnel des Officiers généraux, Décorations, Affaires diverses et d'ordre général.)

Paris, le 2 août 1912.

RAPPORT AU PRÉSIDENT DE LA RÉPUBLIQUE FRANÇAISE.

Monsieur le Président,

Le décret du 7 octobre 1909, portant règlement sur le service
dans les places de guerre et les villes de garnison, fait partie de
la législation militaire dont l'application est générale et doit,
par suite, s'étendre aux troupes coloniales, non seulement dans
la métropole, mais aussi aux colonies.

Mais, en ce qui concerne les troupes coloniales stationnées
outre mer, cette application ne peut se faire, dans certains cas,
qu'après une adaptation destinée à tenir compte des conditions
particulières de l'organisation administrative et militaire, de nos
diverses possessions.

C'est ainsi qu'il a paru nécessaire d'introduire dans le décret
précité du 7 octobre 1909, des dispositions spéciales qui, sans
toucher aux principes généraux posés par ce règlement, per-
mettront de l'appliquer aux colonies sans difficultés et sans in-
décision.

Tel est l'objet du décret qui a été élaboré de concert entre
les départements intéressés, des finances, de la. guerre, de la
marine, des colonies, et que j'ai l'honneur de soumettre ci-joint
à votre haute approbation.

Veuillez agréer, Monsieur le Président, l'hommage de mon
profond respect.

Le Ministre des colonies,

A. LEBRUN.

Le Ministre de la marine, *Le Ministre des finances,*

DELCASSÉ.   L.-L. KLOTZ,

Le Ministre de la guerre,

A. MILLERAND.

Décret.

Le Président de la République française,

Vu la loi du 7 juillet 1900, portant organisation des troupes coloniales;

Vu le décret du 3 novembre 1905, relatif aux points d'appui de la flotte aux colonies;

Vu le décret du 7 octobre 1909, portant règlement sur le service dans les places de guerre et les villes de garnison;

Sur le rapport du Ministre des colonies, après avis conforme des Ministres des finances, de la guerre et de la marine;

Le Conseil d'Etat entendu,

Décrète :

Art. 1er. Le décret du 7 octobre 1909, portant règlement sur le service dans les places de guerre et les villes de garnison, est, sous réserve des dispositions spéciales indiquées ci-après, applicable dans les colonies et pays de protectorat, autres que l'Algérie et la Tunisie.

Art. 2. D'une façon générale, les attributions conférées par ce règlement à certaines autorités de la métropole sont dévolues, aux colonies, à celles dont la correspondance est établie ainsi qu'il suit :

MÉTROPOLE.	COLONIES.
Ministre de la guerre.	Ministre de la guerre.
	Ministre des colonies, en ce qui concerne les dispositions spéciales aux points d'appui de la flotte ne se rapportant pas exclusivement au commandement, au personnel et à l'instruction.
	Gouverneur général ou gouverneur dans les cas spécifiés par le présent décret.
Généraux commandant les régions de corps d'armée.	Officiers généraux ou supérieurs, commandants supérieurs des troupes.
Généraux commandant les subdivisions de région.	Officiers généraux ou supérieurs investis d'un commandement territorial, ou, à défaut, commandants supérieurs des troupes.
Directeur du génie.	Commandant de l'artillerie ou, à défaut, directeur ou chef du service de l'artillerie.

<table>
<tr><td>Chef du génie.</td><td>Directeur, sous-directeur ou chef d'annexe, chef du service régional de l'artillerie.</td></tr>
<tr><td>Chefs de corps.</td><td>Chefs de corps ou chefs des détachements stationnés en dehors de la garnison où réside le chef de corps.</td></tr>
</table>

Art. 3. Les articles ci-après indiqués du décret précité du 7 octobre 1909 reçoivent, pour leur application aux colonies, les modifications et additions suivantes :

« Art. 1er. Compléter le 3e alinéa ainsi conçu :

« Le classement comme place de guerre ne peut résulter que d'une loi »; par les mots : « Exception faite pour les colonies et pays de protectorat, autres que l'Algérie et la Tunisie, où ce classement est établi par décret, rendu sur la proposition du Ministre des colonies, ou sur celle du Ministre de la marine et des colonies, lorsqu'il s'agit d'une place point d'appui de la flotte aux colonies.

« Art. 3. Entre le 4e et le 5e alinéa, intercaler l'alinéa suivant :

« Les officiers généraux commandants supérieurs des troupes aux colonies peuvent, dans les mêmes conditions, déléguer leurs fonctions de commandant d'arme à l'officier général ou supérieur qui, à leur défaut, les exercerait normalement. »

Après le 5e alinéa, ajouter l'alinéa suivant :

« La même disposition s'applique, aux colonies, aux officiers placés en activité hors cadres pour exercer des fonctions exclusivement civiles, ainsi qu'aux officiers de marine placés, dans le même but, en mission auprès des divers départements ministériels. »

Art. 9. A la fin du 5e alinéa, après les mots : « pris dans le service auxiliaire », ajouter : « et à défaut, aux colonies, dans les corps de troupes de la garnison ».

Art. 16. A la fin du 5e alinéa, après les mots : « ne sont confiés qu'à des gradés, » ajouter : « et, aux colonies, autant que possible, à des gradés européens ».

Art. 19. Après le 2e alinéa, ajouter l'alinéa suivant :

« Sont exemptés de tout service de place aux colonies, y compris le service des députations, les officiers et hommes de troupe placés en activité, hors cadres, pour exercer des fonctions exclusivement civiles. »

Art. 20. Entre les 2ᵉ et 3ᵉ alinéas, intercaler l'alinéa suivant :

« Aux colonies, ce compte rendu est adressé dans tous les cas au commandant supérieur des troupes. »

Art. 26. Entre les 5ᵉ et 6ᵉ alinéas, intercaler l'alinéa suivant :

« Toutefois, aux colonies, lorsque les circonstances climatériques l'exigent, la tenue peut être changée d'après les instructions données par le commandant d'armes. »

Art. 32. Après le dernier alinéa, ajouter l'alinéa suivant :

« Aux colonies, ces mesures sont arrêtées par le commandant supérieur des troupes suivant les propositions du directeur du service de santé. »

Art. 43. Après le dernier alinéa, ajouter l'alinéa suivant :

« Elles sont aussi applicables, aux colonies, au personnel de l'inspection des colonies et au personnel militaire de l'administration pénitentiaire »

Art. 45. Après le dernier alinéa, ajouter l'alinéa suivant :

« Ces dispositions sont applicables, aux colonies, aux officiers et sous-officiers commandant les détachements de gendarmerie. »

Art. 65. A la fin de l'article, ajouter l'alinéa suivant :

« Aux colonies, cette notification est faite par le commandant supérieur des troupes au gouverneur général qui en informe les autorités civiles intéressées. »

Art. 69. A la fin de l'article, ajouter l'alinéa suivant :

« Aux colonies, ces instructions sont établies d'après les mêmes principes, par arrêté du gouverneur général ou du gouverneur. Cet arrêté, pris après avis du commandant supérieur des troupes, est soumis à l'approbation des Ministres de la guerre et des colonies. »

CHAPITRES IV et V.

(Articles 82 à 113.)

Entre le chapitre 5 et le chapitre 6, intercaler le chapitre complémentaire ci-après ·

CHAPITRE V *bis* (1).

DISPOSITIONS SPÉCIALES AUX PLACES POINTS D'APPUI DE LA FLOTTE
AUX COLONIES.

SECTION I".

COMMANDEMENT.

Art. 82 *bis*. Les points d'appui de la flotte aux colonies sont,
dès le temps de paix, constitués en places de guerre.

Un officier général ou supérieur, nommé par décret, sur la
proposition des Ministres de la guerre et des colonies, exerce
le commandement dans la place dont il est chargé de préparer
la défense. Il prend le titre de commandant de la défense.

Il est pourvu d'un état-major.

Dans les points d'appui de la flotte, qui sont le siège du commandement supérieur des troupes, les fonctions de commandant
d'armes délégué sont, à grade égal, conférées au commandant
de la défense.

Art. 83 *bis*. Le commandant de la défense a sous ses ordres
la totalité des troupes et des services militaires stationnés dans
le rayon d'action du point d'appui et spécialement affectés à sa
défense à la mobilisation. Il est investi du commandement territorial dans l'étendue de ce rayon. Il relève directement, dans
l'exercice de ces commandements, du commandement supérieur
des troupes.

Art. 85 *bis*. Un officier de marine est désigné par le Ministre
de la marine, pour exercer, à la mobilisation. sous l'autorité du
commandant de la défense. le commandement des moyens de
défense et d'information maritimes, spécialement affectés à la défense du point d'appui. Il prend le titre d'adjoint désigné du
commandant de la défense. Il est placé, en temps de paix, sous
les ordres du commandant de la marine de la colonie.

Les relations du commandant de la défense, avec les autorités
maritimes du point d'appui et avec l'officier de marine adjoint
désigné, restent déterminées par le décret du 3 novembre 1905,
relatif aux points d'appui de la flotte aux colonies.

---

(1) Les dispositions spéciales aux points d'appui de la flotte non prévues dans le présent décret restent régies par celui du 3 novembre 1905.

Art. 86 *bis.* Sous réserve des dispositions spéciales qui précèdent, le commandant de la défense d'une place point d'appui de
la flotte est investi des pouvoirs et des attributions dévolues, en
temps de paix, de guerre et de siège, au commandant supérieur
de la défense d'un groupe de places de guerre et au gouverneur
d'une place.

SECTION II.

COMMISSION DE DÉFENSE.

Art. 87 *bis.* Dans chaque point d'appui de la flotte, la commission de défense, formée dans les conditions générales prévues
aux articles 95 et 96, est composée ainsi qu'il suit :

Le commandant de la défense, président;

Le commandant de la marine;

Le plus ancien dans le grade le plus élevé des officiers des
troupes d'infanterie comprises dans la garnison de défense du
point d'appui;

L'officier commandant le front de mer ou pourvu d'un commandement correspondant à celui du front de mer;

Les chefs de service de l'artillerie, de l'intendance et de santé
du point d'appui;

L'officier de marine adjoint désigné au commandant de la défense;

Le chef d'état-major du commandement de la défense ou, à
défaut, l'officier d'état-major adjoint au commandant de la défense, secrétaire avec voix consultative.

Les plans de mobilisation arrêtés et annuellement revisés par
la commission de défense, les procès-verbaux de ses délibérations, ainsi que ses propositions, sont transmis au Ministre des
colonies par l'intermédiaire du commandant supérieur des troupes et du gouverneur général ou du gouverneur; les ques-
tions qui intéressent directement le département de la marine lui
sont transmises par l'intermédiaire du commandant de la marine.

SECTION III.

RÈGLES DE POLICE.

Art. 88 *bis.* Les règles de police applicables dans une place
ou un groupe de places points d'appui de la flotte sont celles
établies aux sections III des chapitres IV et V.

Le commandant de la marine exerce, à cet égard, les attributions dévolues à l'autorité maritime.

Art. 111. A la fin de l'article, ajouter les mots : « et du 10 décembre 1912 ».

Art. 121. Après l'alinéa ainsi conçu : « Aux généraux de division commandants de corps d'armée, ajouter l'alinéa suivant :

« Aux généraux de division commandants supérieurs des troupes aux colonies. »

Art. 138. A la fin de l'article, ajouter l'alinéa suivant :

« Les dispositions du présent article sont applicables à tous les militaires de l'armée de terre, décédés aux colonies, alors qu'ils étaient en activité de service. Toutefois, les drapeaux et musiques n'assistent qu'aux obsèques des colonels, et, en outre, des lieutenants-colonels, commandant un régiment ou bataillon formant corps, dont les funérailles ont lieu au siège de leur commandement.

« Les corps devant fournir les détachements sont, le cas échéant, désignés par le commandant d'armes. »

Art. 139. A la fin de l'article, ajouter l'alinéa suivant :

« Les dispositions du présent article sont applicables à tous les militaires et marins de l'armée de mer décédés aux colonies, alors qu'ils étaient en activité de service. »

Les corps devant compléter les détachements en cas d'insuffisance numérique des troupes de l'armée de mer sont désignés par le commandant d'armes.

Art. 148. A la fin de l'article, ajouter l'alinéa suivant :

« Dans les points d'appui de la flotte, l'officier de marine adjoint désigné concourt, suivant son grade et son ancienneté, avec les autres officiers de la garnison de défense pour remplacer le commandant de la défense absent ou empêché. »

Art. 154. Après le 1er alinéa, intercaler l'alinéa suivant :

« Dans les points d'appui de la flotte aux colonies, ce registre est aussi tenu par l'officier de marine adjoint au commandant de la défense. »

Art. 155. Après cet article, intercaler l'article suivant :

« Art. 155 bis. Aux colonies, la déclaration de l'état de siège est faite par le gouverneur général ou gouverneur dans les conditions prévues par l'article 4 de la loi du 9 août 1849. Dans les cas particuliers mentionnés à l'article 155, elle peut être faite par le commandant d'une subdivision territoriale, d'une place de guerre ou d'un poste militaire, conformément à l'article 5 de la loi du 9 août 1849, à charge d'en rendre compte immédiatement au gouverneur général ou gouverneur de la colonie. »

Art. 166. Après cet article, intercaler l'article suivant :

« Art. 166 *bis*. Dans une place de guerre, point d'appui de la flotte aux colonies, le conseil de défense est composé ainsi qu'il suit :

« Le commandant de la défense, président;

« Le commandant de la marine, ou, à défaut, le plus ancien des officiers de marine, exerçant un commandement à terre;.

« Le plus ancien dans le grade le plus élevé des officiers des troupes d'infanterie de la garnison de défense;

« Le commandant de l'artillerie de la place;

« Le directeur ou chef de service de l'artillerie;

« L'officier de marine adjoint au commandant de la défense;

« Le chef d'état-major du commandement de la défense, secrétaire avec voix consultative.

« Assistent aux séances du conseil avec voix consultative, les chefs du service de l'intendance et du service de santé de la place, le chef du service du commissariat de la marine, et le plus ancien dans le grade le plus élevé des médecins de la marine.

« Le commandant d'une force navale qui se trouve en rade dans une place point d'appui de la flotte aux colonies peut assister aux séances du conseil avec voix consultative. »

Art. 168. Après cet article, intercaler l'article suivant :

« Art. 168 *bis*. Dans les places points d'appui de la flotte aux colonies, le comité de surveillance des approvisionnements de siège est composé ainsi qu'il suit :

« Le commandant de la défense, président;

« Le commandant de la marine ou, à défaut, le plus ancien dans le grade le plus élevé des officiers de marine exerçant un commandement à terre dans la place;

« Le commandant de l'artillerie de la place;

« Le directeur de l'artillerie, ou, à défaut, le chef de service de l'artillerie de la place;

« Le chef d'état-major du commandement de la défense;

« Les chefs de service de l'intendance et de santé de la place;

« L'officier de marine adjoint au commandant de la défense;

« Le chef du service du commissariat de la marine;

« Le plus ancien dans le grade le plus élevé des médecins de la marine résidant dans la place;

« Le maire ou l'administrateur maire de la localité principale ou, à défaut, l'administrateur chef de la province;

« Le président et un membre de la Chambre de commerce, s'il en existe dans la place;

« Un officier de la garnison, désigné par le commandant de la défense, et remplissant les fonctions de secrétaire avec voix consultative. »

Art. 169. Après le 7ᵉ alinéa, intercaler l'alinéa suivant :

« Le commandant de la défense d'un point d'appui de la flotte aux colonies transmet dans les mêmes conditions cette copie au commandement supérieur des troupes. »

Art. 170 et suivants. Après l'article 179 ajouter l'article suivant :

« Art. 179 *bis*. Les services financiers des places de guerre points d'appui de la flotte aux colonies fonctionnent à partir de l'investissement suivant les règles qui précèdent.

« Dès le début de la mobilisation, les fonds de réserve de siège, sont mis à la disposition du commandant de la place par arrêté du gouverneur général ou du gouverneur de la colonie, en conformité des instructions générales concertées entre le Ministre des finances et le Ministre des colonies. »

Art. 4. Sont abrogées toutes les dispositions contraires au présent décret.

Art. 5. Les Ministres de la guerre, de la marine, des colonies et des finances, sont chargés, chacun en ce qui le concerne, de l'exécution du présent décret qui sera inséré au *Journal officiel* de la République française et au *Bulletin des lois*.

Fait à Rambouillet, le 2 août 1912.

A. FALLIÈRES.

Par le Président de la République :

Le Ministre des colonies,	*Le Ministre de la marine,*
A. LEBRUN.	DELCASSÉ.
Le Ministre de la guerre,	*Le Ministre des finances,*
A. MILLERAND.	L.-L. KLOTZ.

Pages 11, 44 et 48.

*Décret portant modifications au décret du 7 octobre 1909
sur le service de place.*

(Cabinet du Ministre; Bureau du Personnel des Officiers généraux, Décorations, Affaires diverses et d'ordre général.)

Paris, le 30 août 1912.

Le Président de la République française,
Sur le rapport du Ministre de la guerre,
Vu le décret du 7 octobre 1909 sur le service de place;
Vu le décret du 1ᵉʳ avril 1889 relatif à l'exercice du commandement provisoire et du commandement par intérim;
Vu le décret du 8 novembre 1911 portant réorganisation des
établissements et des commandements de l'artillerie;
Vu l'avis des Ministres de la justice, des affaires étrangères,
de l'intérieur, des finances et de la marine;
Le Conseil d'Etat entendu;

Décrète :

Art. 1ᵉʳ. Les dispositions des articles 3, 95 et 107 du décret du
7 octobre 1909 sur le service de place sont remplacées par les
dispositions suivantes :

Art. 3. Le service de garnison est dirigé par un officier portant le titre de commandant d'armes.

Le commandant d'armes est l'officier de la garnison le plus
ancien dans le grade le plus élevé, exception faite des cas prévus aux troisième et quatrième alinéas du présent article et aux
articles 82 et 102.

Lorsqu'un officier général ou supérieur a reçu une lettre de
service lui conférant par intérim les fonctions d'un grade supérieur au sien, cet officier prend rang immédiatement après les
officiers pourvus effectivement dudit grade, pour l'exercice des
fonctions de commandant d'armes.

Dans les places de garnison qui sont chef-lieu de région de
corps d'armée, les commandants de corps d'armée sont de droit
commandants d'armes, quelle que soit leur ancienneté de grade.

Les commandants de corps d'armée peuvent déléguer leurs
fonctions de commandant d'armes à l'officier général qui, à leur
défaut, les exercerait normalement. Avis de cette délégation est

immédiatement donné aux chefs de corps et de service de la place; elle est également notifiée à l'autorité civile.

Les militaires ayant rang d'officier, appartenant à un corps ou à un personnel ayant une hiérarchie propre, avec ou sans correspondance avec les grades prévus par la loi du 14 avril 1832, et les officiers de gendarmerie, n'exercent pas les fonctions de commandants d'armes.

Art. 95. Il est formé, dans chaque place, une commission de défense composée comme il suit :

Pour la place principale :

Le commandant supérieur de la défense, président;
Son adjoint;
Les quatre chefs de services régionaux du groupe;
Le chef d'état-major du commandant supérieur de la défense, secrétaire, avec voix consultative.

Pour les autres places :

Le commandant supérieur de la défense, président;
Le gouverneur désigné;
Le commandant du parc d'artillerie de la place principale;
Le chef du génie;
Le fonctionnaire de l'intendance chargé du service territorial;
Le médecin militaire de l'armée active appelé à diriger le service de santé de la place en temps de guerre, ou, à défaut, un médecin militaire de l'armée active désigné par le commandant du territoire sur la demande du commandement supérieur de la défense;
Le chef d'état-major du commandant supérieur de la défense, secrétaire, avec voix consultative.

Les commissions de défense comprennent toujours un représentant de l'arme de l'infanterie, savoir : l'adjoint au gouverneur, s'il appartient ou s'il a appartenu à cette arme, ou, dans le cas contraire et dans l'ordre suivant : l'officier le plus élevé en grade de cette même arme appartenant aux troupes affectées à la défense, ou l'officier d'infanterie le plus élevé en grade des troupes de la garnison, ou, à défaut, un officier d'infanterie d'une garnison voisine.

Les commissions de défense peuvent appeler, à titre consultatif, le maire de la place et toute personne qu'elles jugent utile de convoquer.

Art. 107. 1° *Ports militaires.* — La commission de défense formée dans les ports militaires, conformément à l'article 95, est composée comme il suit :

Le préfet maritime, président;
Son adjoint;
Le major général de la marine;
Le chef d'état-major de l'arrondissement maritime;
Le plus ancien colonel d'infanterie ou, à défaut, l'officier le plus ancien dans le grade le plus élevé de l'arme de l'infanterie;
L'officier de marine commandant le front de mer;
Le commandant du parc d'artillerie de place dans le ressort duquel se trouve le port militaire (tableau 2 annexé au décret du 8 novembre 1911, portant réorganisation des établissements et des commandements de l'artillerie);
Sauf cas particulier, le directeur du génie, s'il réside dans le port en temps de paix et s'il fait partie de la garnison de. défense, ou, à son défaut, le chef du génie;
Le commissaire général de la marine ou, à son défaut, l'officier du même corps qui le supplée dans ses fonctions;
Le sous-intendant chargé du service territorial;
Le chef du service de l'intendance des troupes coloniales;
Le médecin de l'armée de terre le plus ancien dans le grade le plus élevé;
Le médecin de la marine le plus ancien dans le grade le plus élevé;
Le chef d'état-major du gouvernement de la place forte, secrétaire, avec voix consultative.
Les propositions de la commission de défense sont transmises, par l'intermédiaire du général commandant la région de corps d'armée, aux Ministres de la guerre et de la marine, qui se concertent pour la suite à donner à celles de ces propositions qui intéressent le Département de la marine;

2° *Places du littoral autres que les ports militaires pourvues d'un gouverneur dès le temps de paix.* — La composition de la commission de défense est celle qui est prévue à l'article 95, avec adjonction de l'officier de marine commandant le front de mer.

3° *Places du littoral non pourvues. de gouverneur dès le temps de paix.* — La commission de défense est composée de :

Le général adjoint au gouverneur du port militaire auquel la place du littoral est rattachée, président;
Le gouverneur désigné;

Le commandant du parc d'artillerie de place dans le ressort duquel se trouve la place (tableau 2 susvisé);

Le chef du génie;

Le fonctionnaire de l'intendance chargé du service territorial;

Le médecin militaire de l'armée active appelé à diriger le service de santé de la place en temps de guerre, ou, à défaut, un médecin militaire de l'armée active désigné par le commandant du territoire sur la demande du commandant supérieur de la défense;

L'officier de marine commandant le front de mer;

Si le président ne sort pas de l'arme de l'infanterie, l'officier de cette arme le plus élevé en grade des troupes de la garnison, ou d'une garnison voisine dans le cas où il n'y a pas de troupes d'infanterie dans la place;

Le chef d'état-major du gouvernement du port militaire auquel la place du littoral est rattachée, secrétaire, avec voix consultative;

Dans les places du littoral faisant partie d'un groupe et non pourvues d'un gouverneur dès le temps de paix, la présidence appartient au commandant supérieur de la défense du groupe; les services sont représentés par les officiers désignés pour être les chefs du service en temps de guerre dans la place, ou, à défaut, par les chefs de service du groupe.

Art. 2. Le Ministre de la guerre est chargé de l'exécution du présent décret, qui sera publié au *Journal officiel* de la République française et inséré au *Bulletin des lois*.

Fait à Rambouillet, le 30 août 1912,

A. FALLIÈRES.

Par le Président de la République :
  Le Ministre de la guerre,
  A. MILLERAND.

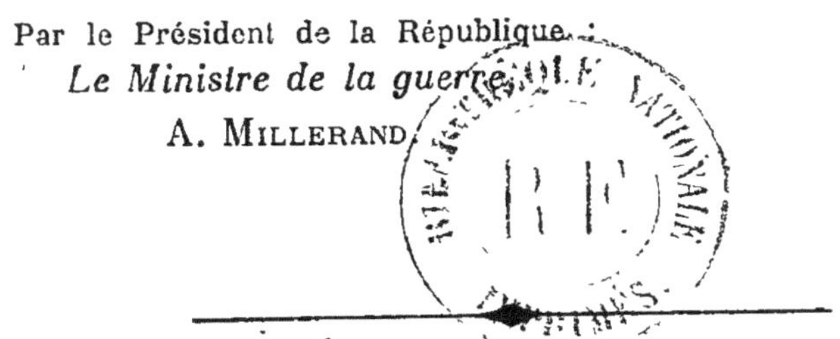

2° Honneurs et préséances.

A. — DISPOSITIONS GÉNÉRALES.

Page 121.

Arrêté portant modification à l'arrêté ministériel du 21 août 1907 relatif aux rangs des autorités et fonctionnaires relevant du Département de la guerre, dans les cérémonies publiques.

(Cabinet du Ministre; Bureau de la Correspondance générale.)

Paris, le 20 décembre 1911.

Le Ministre de la guerre,

Vu l'article 1ᵉʳ du décret du 16 juin 1907 relatif aux cérémonies publiques, préséances, honneurs civils et militaires;

Vu l'arrêté ministériel du 21 août 1907 relatif aux rangs des autorités et fonctionnaires relevant du Département de la guerre, dans les cérémonies publiques,

Arrête :

Article unique. Parmi les délégations énumérées à l'arrêté du 21 août 1907, les directeur et sous-directeur du service géographique de l'armée, ainsi que les députations d'officiers supérieurs et assimilés de ce service, prendront rang immédiatement après les députations des directions du ministère de la guerre et avant celles des comités et sections techniques.

MESSIMY.

Page 144.

Décret relatif aux cérémonies publiques, préséances, honneurs civils et militaires, dans les colonies.

(Cabinet du Ministre; Bureau du Personnel des Officiers généraux, Décorations, Affaires diverses et d'ordre général.)

Paris, le 10 décembre 1912.

RAPPORT AU PRÉSIDENT DE LA RÉPUBLIQUE FRANÇAISE.

Monsieur le Président,

Les 16 juin et 5 octobre 1907, vous avez bien voulu consacrer la substitution aux règles surannées du décret du 24 messidor, an XII, d'une règlementation nouvelle, adoptée à l'esprit et à la forme des institutions de la République, sur les cérémonies publiques, préséances, honneurs civils et militaires en France et en Algérie.

La commission interministérielle, constituée en 1903, qui a élaboré ces deux règlements, en avait préparé un troisième pour les colonies; mais la mise au point définitive de ce texte a été d'autant plus longue que, le décret de messidor n'ayant jamais été appliqué aux colonies, aucun acte général sur la matière n'existe actuellement dans nos possessions. Il a fallu, en outre, consulter les gouverneurs sur le régime à appliquer aux autorités indigènes dans les pays de protectorat et, d'autre part, chercher à éviter le retour d'une série d'incidents provoqués par la multiplicité des actes partiels intervenus aux colonies, et dont l'interprétation et l'adaptation à des situations constamment nouvelles a pu susciter des difficultés, qui n'ont pas d'analogue en France.

Deux commissions interministérielles, en 1909 et en 1911, se sont efforcées d'aplanir ces difficultés; j'ai l'honneur de vous présenter aujourd'hui le texte tel qu'il est sorti des délibérations du Conseil d'Etat.

Les principes généraux sur lesquels il repose demeurent les mêmes que dans les décrets applicables à la France et à l'Algérie.

Ceux-ci n'ayant pas été contresignés par les Ministres de la guerre et de la marine, mes collègues de ces deux départements ont estimé, et je me suis mis d'accord avec eux sur ce point, que leur contreseing, bien qu'il eût été prévu dans le texte adopté par le Conseil d'Etat, ne s'imposait pas au bas du décret ci-joint, que je soumets à votre haute sanction.

Veuillez agréer, Monsieur le Président, l'hommage de mon profond respect.

Le Ministre des colonies,

A. LEBRUN.

DÉCRET.

Le Président de la République française,

Sur le rapport du Ministre des colonies,

Vu le décret du 16 juin 1907, relatif aux cérémonies publiques, préséances, honneurs civils et militaires, dans la métropole;

Vu le sénatus-consulte du 3 mai 1854;

Le Conseil d'Etat entendu,

Décrète :

TITRE Ier.

DES RANGS ET PRÉSÉANCES.

SECTION Ire.

DE L'ORDRE DES CORPS ET DES AUTORITÉS DANS LES CÉRÉMONIES PUBLIQUES.

Art. 1er. Lorsque les corps et les autorités sont convoqués ensemble aux cérémonies publiques dans les colonies et pays de protectorat dépendant du ministère des colonies, ils y prennent rang ainsi qu'il suit :

1° Le gouverneur général, le gouverneur ou administrateur chef de la colonie, accompagné du secrétaire général du gouvernement général ou du secrétaire général de la colonie;

2° Le lieutenant gouverneur, le résident supérieur ou autre chef d'une colonie ou d'un territoire dépendant directement d'un gouvernement général ou d'un gouvernement, accompagné du secrétaire général de la colonie ou du territoire;

3° Le sénateur et les députés de la colonie;

4° Les généraux de division chargés d'une inspection, les vice-amiraux chargés d'une inspection ou commandant une armée navale, les inspecteurs généraux et les inspecteurs des colonies chefs d'une mission, accompagnés des membres de cette mission;

5° Le conseil de gouvernement;

6° Le conseil privé, le conseil d'administration ou le conseil de protectorat;

7° Le conseil général ou colonial;

8° Le général de division commandant supérieur des troupes, le vice-amiral commandant une escadre;

9° Les grands-croix et les grands-officiers de la Légion d'honneur convoqués;

10° Les généraux de division exerçant un commandement dans la place;

11° Le général de brigade commandant supérieur des troupes, le contre-amiral commandant de la marine;

12° Le chef des services judiciaires, la cour d'appel, le tribunal supérieur et le conseil d'appel;

13° Le contrôleur financier;

14° Les directeurs généraux d'un gouvernement général;

15° Le président de la cour d'assises ou de la cour criminelle;

16° Les généraux de brigade exerçant un commandement dans la place; le général de brigade commandant de la défense dans les places points d'appui de la flotte; le contre-amiral commandant d'une force navale;

17° Le commandant supérieur des troupes, lorsqu'il n'est pas officier général; le commandant de la marine, commandant supérieur d'une force navale et d'un arsenal maritime, lorsqu'il n'est pas officier général;

18° L'administrateur de la région, de la province ou du cercle;

19° Le commandant de la défense dans les places, points d'appui de la flotte, lorsqu'il n'est pas officier général; les officiers supérieurs commandant une brigade ou exerçant le commandement territorial de la région; le commandant de la marine, lorsqu'il n'est pas officier général et qu'il ne remplit pas les conditions prévues au paragraphe 17; le commandant d'une force navale ou d'un bâtiment isolé, lorsqu'il est officier supérieur;

20° Le corps municipal;

21° Les fonctionnaires chefs des services généraux d'un gouvernement général autres que les directeurs généraux, d'après l'ordre fixé par arrêté réglementaire du gouverneur général;

22° Le tribunal de 1re instance, les juges de paix à compétence étendue, les juges de paix, le tribunal de commerce;

23° Les chambres de commerce et d'agriculture;

24° Les états-majors des commandements de troupes coloniales et de la marine suivant le rang attribué à ces commandements;

25° Les chefs de services et la délégation des bureaux et services, d'après l'ordre établi entre eux, par arrêté du gouverneur général ou du gouverneur;

26° Les délégations des corps d'officiers;

27° Les conseils locaux dans l'Inde;

28° La délégation du personnel de la garde civile;

29° Les délégations des établissements publics;

30° Les commissaires de police;

31° La délégation des services judiciaires (avoués, avocats défenseurs, notaires, huissiers, etc...).

Les officiers généraux sont accompagnés d'officiers de leur état-major.

SECTION II.

DE L'ORDRE DE PRÉSÉANCE DES AUTORITÉS CIVILES ET MILITAIRES CONVOQUÉES INDIVIDUELLEMENT AUX CÉRÉMONIES PUBLIQUES.

Art. 2. Le rang de préséance des autorités civiles et militaires convoquées individuellement aux cérémonies publiques est réglé ainsi qu'il suit :

1° Le gouverneur général, gouverneur ou administrateur de la colonie;

2° Le secrétaire général d'un gouvernement général ou d'une colonie;

3° Le lieutenant-gouverneur, résident supérieur ou autre chef d'une colonie ou d'un territoire dépendant directement d'un gouvernement général;

4° Le sénateur et les députés;

5° Les généraux de division chargés d'une inspection; les vice-amiraux chargés d'une inspection ou commandant une armée navale; l'inspecteur général ou l'inspecteur des colonies, chef de mission;

6° Le président du conseil général ou du conseil colonial;

7° Le général de division commandant supérieur des troupes, le vice-amiral commandant une escadre;

8° Les grands-croix et les grands-officiers de la Légion d'honneur convoqués;

9° Les généraux de division exerçant un commandement dans la place;

10° Le général de brigade commandant supérieur des troupes, le contre-amiral commandant de la marine;

11° Le chef du service judiciaire, le président de la cour d'appel, le président du tribunal supérieur ou du conseil d'appel;

12° Le contrôleur financier;

13° Les directeurs généraux d'un gouvernement général;

14° Le président de la cour d'assises ou de la cour criminelle;

15° Les généraux de brigade exerçant un commandement dans la place; le général de brigade commandant de la défense dans les places points d'appui de la flotte; le contre-amiral commandant une force navale;

16° Le commandant supérieur des troupes lorsqu'il n'est pas officier général; le commandant de la marine, commandant supérieur d'une force navale et d'un arsenal maritime, lorsqu'il n'est pas officier général;

17° L'administrateur de la région, de la province ou du cercle;

18° Le commandant de la défense dans les places points d'appui de la flotte, lorsqu'il n'est pas officier général;

. Les officiers supérieurs commandant une brigade ou exerçant le commandement territorial de la région;

Le commandant de la marine, lorsqu'il n'est pas officier général et qu'il ne remplit pas les conditions prévues au paragraphe 16; le commandant d'une force navale ou d'un bâtiment isolé lorsqu'il est officier supérieur;

19° Le maire ou autre représentant de l'autorité municipale;

20° Le président du tribunal de 1re instance et le procureur de la République;

21° Les juges de paix à compétence étendue, les juges de paix;

22° Le président du tribunal de commerce;

23° Les présidents des chambres de commerce et d'agriculture;

24° Le commandant d'armes.

Art. 3. Dans les cas prévus à l'article 1er, sous les numéros 4, 8, 11 et 19, et à l'article II, sous les numéros 5, 7, 10, 15 et 18, dans les établissements et sur les terrains affectés au service de la marine, les officiers de la marine ont, à égalité de grade, respectivement la préséance sur les officiers de l'armée de terre.

Art. 4. Dans aucun cas, les honneurs accordés à un corps ne sont attribués individuellement aux membres qui le composent.

SECTION III.

DES CONVOCATIONS AUX CÉRÉMONIES PUBLIQUES.

Art. 5. Les autorités et les corps constitués dont le concours est nécessaire sont convoqués par écrit suivant les règles fixées par arrêté du chef de la colonie.

SECTION IV.

DE L'ORDRE DANS LEQUEL LES AUTORITÉS MARCHENT ET SONT PLACÉES DANS LES CÉRÉMONIES PUBLIQUES.

Art. 6. Les autorités désignées à l'article 2, qui sont convoquées aux cérémonies publiques se réunissent dans le lieu de la cérémonie et y prennent place dans l'ordre indiqué par ledit article, de sorte que la personne à laquelle la préséance est due ait toujours à sa droite celle qui doit occuper le deuxième rang, à sa gauche celle qui doit occuper le troisième et ainsi de suite.

Si les dispositions du lieu de la cérémonie le permettent, la personne à laquelle la préséance est due est placée au milieu, les autres prenant place dans l'ordre fixé ci-dessus.

Dans le cas contraire, les autorités sont divisées en deux groupes, les autorités civiles étant placées à droite et les autorités militaires à gauche.

Elles gardent entre elles les rangs qui leur ont été respectivement attribués.

La cérémonie ne commence que lorsque l'autorité qui occupe la première place a pris séance.

Cette autorité se retire la première.

Art. 7. Il est fourni aux autorités et aux corps convoqués à des cérémonies une escorte de troupes ou de gendarmerie, ainsi qu'il est réglé au titre IV.

Art. 8. Dans les cérémonies publiques non prescrites par acte du gouvernement, mais organisées par des autorités ou des corps constitués, la préséance entre les autorités qui y sont invitées est déterminée conformément à l'article 2.

Lorsqu'un corps ou l'une des autorités dénommées aux articles 1 et 2 invite, dans le local affecté à l'exercice de ses fonctions, d'autres corps ou d'autres autorités pour assister à une cérémonie, le corps ou l'autorité qui a fait l'invitation y conserve sa place ordinaire; les corps et les autorités invitées gardent entre eux les rangs assignés par ces articles.

Peuvent, s'il y a lieu, dans les cas prévus par les deux alinéas précédents, être intercalées parmi les autorités des personnes qui ne sont pas désignées à l'article 2, mais qui sont qualifiées par les fonctions qu'elles exercent ou ont exercées.

TITRE II.

DISPOSITIONS COMMUNES AUX HONNEURS CIVILS ET MILITAIRES.

Art. 9. Lorsque le Président de la République se rend dans une colonie, les honneurs à lui rendre sont déterminés par un décret en Conseil des Ministres.

Art. 10. En cas de mission extraordinaire, les délégués du gouvernement, conseillers d'Etat ou hauts fonctionnaires, ont droit aux honneurs tels qu'ils sont déterminés, par assimilation s'il y a lieu, par le décret pris en Conseil des Ministres instituant la mission.

Les fonctionnaires envoyés pour remplir, par intérim, en l'absence du chef de la colonie, les fonctions de gouverneur général ou de gouverneur reçoivent, sauf dispositions spéciales, les honneurs attribués aux titulaires de ces fonctions.

Art. 11. Les honneurs ne se délèguent pas; ils ne sont dus que dans la limite du territoire où sont exercées les fonctions.

Lors d'une cérémonie publique, l'intérimaire occupe la place réservée au titulaire de la fonction.

Art. 12. Aucun fonctionnaire civil ou militaire, aucune autorité publique ne peut exiger ni rendre d'autres honneurs que ceux qui sont déterminés par le présent décret.

Art. 13. Les visites reçues en exécution des dispositions de la section III du titre III et des sections IV à VIII du titre IV du présent décret sont rendues dans les vingt-quatre heures aux autorités qui les ont faites, et celles des corps ou des fonctionnaires des divers services publics le sont dans la personne des chefs de ces corps ou de ces services et dans le même délai.

TITRE III.

HONNEURS CIVILS.

SECTION I".

LES MINISTRES ET LES SOUS-SECRÉTAIRES D'ÉTAT.

Art. 14. Lors de son arrivée dans une colonie, un Ministre ou un sous-secrétaire d'Etat est reçu par le gouverneur général ou le gouverneur accompagné du secrétaire général du gouvernement général ou de la colonie.

Le lieutenant-gouverneur, le résident supérieur ou autre chef d'une colonie ou d'un territoire dépendant d'un gouvernement général le reçoit à la limite de la colonie, du pays de protectorat ou du territoire.

Le corps municipal le reçoit au lieu d'arrivée.

Les corps et les autorités mentionnées à l'article 1er du présent décret sont avertis de l'heure à laquelle le Ministre ou le sous-secrétaire d'Etat les recevra. Ils sont admis dans l'ordre des préséances établi par le même article.

Art. 15. Le corps municipal va, au moment de son départ, prendre congé du Ministre ou du sous-secrétaire d'Etat.

SECTION II.

LES GOUVERNEURS GÉNÉRAUX ET LES GOUVERNEURS DE COLONIE.

Art. 16. Lorsque le gouverneur général ou le gouverneur d'une colonie prend possession de ses fonctions, il est reçu au lieu d'arrivée par le secrétaire général du gouvernement général ou de la colonie. Il est également reçu par le commandant supérieur des troupes, et, s'il y a lieu, par le lieutenant gouverneur, le résident supérieur ou administrateur du territoire.

Le corps municipal le reçoit au lieu d'arrivée.

Les corps et les autorités mentionnées à l'article 1er du présent décret sont avertis de l'heure à laquelle le gouverneur général ou le gouverneur les recevra. Ils sont admis dans l'ordre des préséances établi par le même article.

Dans ses déplacements, le gouverneur général ou le gouverneur est reçu, à la limite des colonies ou pays de protectorat dépendant d'un gouvernement général, par le lieutenant gouverneur ou le résident supérieur; à la limite d'une région, province, cercle ou territoire, par l'administrateur de la région, province, cercle ou territoire.

Le commandant de la subdivision territoriale militaire le reçoit à la limite de la subdivision.

Le corps municipal le reçoit au lieu d'arrivée.

Les autorités qui l'ont reçu à l'arrivée se trouvent à son départ pour le saluer.

Dans les villes où le gouverneur général entre pour la première fois où il séjourne, il reçoit la visite des autorités et des corps mentionnés à l'article 1er, comme il est spécifié au paragraphe 4 du présent article.

SECTION III.

LES AUTORITÉS CIVILES ET MILITAIRES.

Art. 17. Le secrétaire général d'un gouvernement général, le lieutenant-gouverneur, le résident supérieur ou autre chef d'une colonie ou territoire dépendant d'un gouvernement général, le secrétaire général d'une colonie non rattachée à un gouvernement général, le chef du service judiciaire, l'officier commandant supérieur des troupes, le président de la cour d'appel, du tribunal supérieur ou du Conseil d'appel, les officiers supérieurs exerçant un commandement territorial, ou commandant la défense dans les places points d'appui de la flotte, le commandant d'armes dans une garnison où il n'existe pas de commandement territorial, le commandant de la marine, le président de la cour d'assises ou de la cour criminelle, l'administrateur de la région, province ou cercle, lorsqu'ils prennent possession de leurs fonctions, font visite aux autorités dénommées avant eux dans l'ordre de préséance établi à l'article 2 du présent décret, et qui résident dans la ville. Ils reçoivent ensuite les honneurs civils d'après les dispositions suivantes :

1° Le secrétaire général d'un gouvernement général, le lieutenant gouverneur, le résident supérieur ou autre chef d'une colonie ou territoire dépendant d'un gouvernement général, le secrétaire général d'une colonie non rattachée à un gouvernement général, l'officier commandant supérieur des troupes dans les circonstances prévues au présent décret reçoivent la visite de toutes les autorités civiles dénommées après eux dans l'ordre des préséances et des fonctionnaires de toutes les administrations publiques; ces fonctionnaires sont présentés par leurs chefs de services;

2° Le chef du service judiciaire, l'officier exerçant un commandement territorial ou commandant la défense dans les places points d'appui de la flotte, l'officier supérieur commandant d'armes dans une garnison où il n'existe pas de commandement territorial, le commandant de la marine, dans les circonstances prévues au présent décret, reçoivent la visite des autorités dénommées après eux dans l'ordre des préséances, et celle des chefs des différents services;

3° Le président de la cour d'appel, le président du tribunal supérieur ou du conseil d'appel, le président de la cour d'assises ou de la cour criminelle, reçoivent la visite des autorités dénommées après eux dans l'ordre des préséances;

4° L'administrateur de la région, de la province ou du cercle, lorsqu'il arrive pour la première fois dans le chef-lieu ou dans une commune de son territoire, reçoit la visite des autorités dénommées après lui dans l'ordre des préséances établi par l'article 2 du présent décret et celle de tous les fonctionnaires des administrations publiques; ces fonctionnaires sont présentés par leurs chefs de services.

Art. 18. Les secrétaires généraux des colonies ou pays de protectorat rattachés à un gouvernement général, lorsqu'ils prennent possession de leurs fonctions, font visite aux autorités dénommées avant eux dans l'ordre des préséances et reçoivent la visite des autorités dénommées après eux.

Art. 19. Les autorités désignées à l'article 17 informent l'autorité administrative supérieure de la résidence, qui en prévient immédiatement les intéressés, du jour et de l'heure auxquels ils doivent recevoir les honneurs civils prévus dans les articles précédents.

TITRE IV.

HONNEURS MILITAIRES.

SECTION Iʳᵉ.

LES MINISTRES ET LES SOUS-SECRÉTAIRES D'ÉTAT.

Art. 20. Lorsqu'un ministre ou un sous-secrétaire d'Etat entre dans une ville possédant une garnison, toutes les troupes de la garnison prennent les armes et se forment sur son passage; les tambours et les clairons battent et sonnent au champ, les trompettes sonnent la marche, les musiques jouent l'hymne national, les officiers saluent de l'épée ou du sabre.

Il est tiré quinze coups de canon.

Les troupes, les postes, gardes ou piquets et sentinelles devant lesquels passe le ministre ou le sous-secrétaire d'Etat, rendent les honneurs; les officiers saluent de l'épée ou du sabre; les tambours et clairons battent et sonnent aux champs; les trompettes sonnent la marche.

Il est fourni au ministre ou au sous-secrétaire d'Etat, sur sa demande, une escorte d'honneur composée d'un escadron commandé par un chef d'escadrons. Les brigades de gendarmerie, commandées par un capitaine, prennent part au service d'ordre et d'honneur.

Une garde d'honneur de quarante hommes, commandés par un capitaine, lui est constituée; elle fournit deux sentinelles.

Des visites de corps sont faites au ministre ou au sous-secrétaire d'Etat qui reçoit à son départ les mêmes honneurs qu'à son arrivée.

SECTION II.

LES GOUVERNEURS GÉNÉRAUX.

Art. 21. Lorsque le gouverneur général d'une colonie entre pour la première fois dans le chef-lieu ou dans une ville de garnison de son gouvernement, il reçoit les honneurs prévus à l'article 20. Lorsqu'il passe en costume officiel devant les troupes, gardes, piquets ou sentinelles, les honneurs prévus au paragraphe 5 du même article lui sont rendus.

Lorsque le gouverneur général se rend à une cérémonie publique, une escorte, composée d'un escadron et commandée par un capitaine, l'accompagne au lieu de la cérémonie et le reconduit.

A l'occasion des fêtes nationales, le défilé des troupes a lieu devant le gouverneur général.

Le gouverneur général, en costume officiel, a droit au salut des militaires et marins de tous grades.

SECTION III.

LES GOUVERNEURS OU ADMINISTRATEURS CHEFS DE COLONIE.

Art. 22. Lorsqu'un gouverneur ou un administrateur chef de colonie se rend, pour la première fois, au chef-lieu de la colonie, toutes les troupes de la garnison rendent les honneurs prescrits par l'article 20, paragraphe Ier.

Il est tiré onze coups de canon.

Une garde d'honneur de 30 hommes, commandée par un lieutenant, est fournie au gouverneur ou à l'administrateur chef de colonie, auquel il est fait des visites de corps.

Lorsque le gouverneur ou l'administrateur chef de colonie, se rend à une cérémonie publique, une escorte, commandée par un lieutenant, l'accompagne au lieu de la cérémonie et le reconduit.

A l'occasion des fêtes nationales, le défilé des troupes a lieu devant lui.

Le gouverneur ou administrateur chef de colonie, en costume officiel, a droit au salut des militaires et marins de tous grades.

SECTION IV.

LES SECRÉTAIRES GÉNÉRAUX D'UN GOUVERNEMENT GÉNÉRAL, LES LIEUTENANTS GOUVERNEURS, RÉSIDENTS SUPÉRIEURS OU AUTRES CHEFS D'UNE COLONIE OU D'UN TERRITOIRE DÉPENDANT D'UN GOUVERNEMENT GÉNÉRAL, LES SECRÉTAIRES GÉNÉRAUX DES COLONIES.

Art. 23. Le secrétaire général d'un gouvernement général, le lieutenant gouverneur, le résident supérieur ou autre chef d'une colonie ou d'un territoire dépendant d'un gouvernement général, le secrétaire général d'une colonie non rattachée à un gouvernement général, lors de la prise de possession de leurs fonctions, reçoivent la visite de toutes les autorités militaires en résidence au siège du gouvernement général ou au chef-lieu de la colonie ou du territoire. Il leur est fait des visites de corps.

Lorsqu'un des fonctionnaires visés au paragraphe 1er arrive dans la colonie ou se rend à une cérémonie publique à laquelle le gouverneur général n'assiste pas, une escorte d'honneur, composée de 30 hommes et commandée par un officier l'accompagne au lieu de la cérémonie et le reconduit.

Les postes, gardes ou piquets devant lesquels il passe en costume officiel, avec ou sans escorte, prennent les armes et rendent les honneurs, les tambours battent et les clairons sonnent le rappel, les trompettes sonnent des appels.

Art. 24. Le secrétaire général d'une colonie ou d'un pays de protectorat dépendant d'un gouvernement général, le secrétaire général d'une colonie non rattachée à un gouvernement général, lors de la prise de possession de leurs fonctions, reçoivent la visite des autorités militaires dénommées après eux à l'article 2, en résidence dans la ville où s'effectue la prise de possession des fonctions.

Il leur est fait des visites de corps.

Lorsqu'ils arrivent dans la colonie ou se rendent à une cérémonie publique, à laquelle le chef de la colonie ou du territoire rattaché n'assiste pas, ils ont droit à une escorte d'honneur de 15 hommes, commandée par un sous-officier.

Les postes, gardes ou piquets devant lesquels ils passent en costume officiel, avec ou sans escorte, prennent les armes et rendent les honneurs; les tambours battent et les clairons sonnent le rappel; les trompettes sonnent des appels.

Art. 25. Le lieutenant gouverneur, le résident supérieur ou autre chef d'une colonie ou d'un territoire dépendant d'un gouvernement général, en costume officiel, ont droit aux saluts des militaires et marins de tous grades.

SECTION V.

DES OFFICIERS COMMANDANTS SUPÉRIEURS DES TROUPES.

Art. 26. Lorsque l'officier commandant supérieur des troupes entre pour la première fois au chef-lieu de son commandement ou dans une place qui dépend de ce commandement, un détachement de troupes, comprenant la moitié de l'effectif de la garnison, avec drapeau ou étendard et musique, commandé par l'officier le plus élevé en grade, rend les honneurs devant l'hôtel du commandement, dans les conditions prévues par l'article 21, paragraphe 1er.

Il lui est fait des visites de corps.

Art. 27. Si le commandant supérieur des troupes est un général de division ou de brigade, la garde d'honneur est respectivement de 30 ou de 20 hommes commandés par un lieutenant; elle fournit deux sentinelles.

Si le commandant supérieur des troupes n'est pas officier général, la garde d'honneur est de 10 hommes commandés par un sous-officier; elle fournit une sentinelle.

SECTION VI.

LES OFFICIERS EXERÇANT UN COMMANDEMENT TERRITORIAL, LES COMMANDANTS DE LA DÉFENSE DANS LES PLACES POINTS D'APPUI DE LA FLOTTE, LES OFFICIERS COMMANDANTS DE LA MARINE.

Art. 28. Lorsqu'un officier exerçant un commandement territorial, le commandant de la défense dans les places points d'appui de la flotte, l'officier commandant de la marine se rend pour la première fois au chef-lieu de son commandement óu dans une place qui en dépend, si cette place n'est pas la résidence du commandant supérieur des troupes, un détachement comprenant le quart de l'effectif de la garnison, avec musique, commandé par l'officier le plus élevé en grade, rend les honneurs devant l'hôtel du commandement; la musique joue l'hymne national; le commandant de la troupe salue.

Il est fait des visites de corps.

Art. 29. Lorsqu'un des officiers désignés au paragraphe 1er de l'article ci-dessus est officier général, il a une garde de 10 hommes, commandée par un sous-officier; cette garde fournit une sentinelle.

SECTION VII.

CORPS JUDICIAIRE.

Art. 30. Lorsque la cour d'appel, le tribunal supérieur ou le conseil d'appel se rend en corps à une cérémonie publique, il lui est fourni, sur la demande du chef du service judiciaire, une escorte d'honneur composée d'un peloton de troupes à cheval ou d'une section d'infanterie, sous le commandement d'un officier.

SECTION VIII.

DISPOSITIONS RELATIVES AUX HONNEURS MILITAIRES.

Art. 31. Les ordres relatifs aux honneurs à rendre dans le cas prévu à l'article 20 sont donnés directement par le Ministre des colonies.

Art. 32. Les honneurs militaires ne se rendent que pendant le jour.

Art. 33. Les gardes d'honneur ne rendent les honneurs militaires qu'aux personnes supérieures ou égales en grade ou en dignité à celles près desquelles elles sont placées et, alors, les honneurs restent les mêmes.

Art. 34. Les honneurs militaires ne se cumulent pas.

Les seuls honneurs rendus sont ceux qui sont attribués à la dignité ou au grade supérieur.

Art. 35. Les officiers qui commandent par intérim ou pendant l'absence des commandants titulaires n'ont droit qu'aux honneurs militaires de leur grade.

Art. 36. Pour les visites de corps, la grande tenue est de rigueur.

Toutefois, le lendemain de l'arrivée et la veille du départ d'un corps de troupe, les visites se font en tenue de route

TITRE V.

HONNEURS FUNÈBRES.

SECTION I".

HONNEURS FUNÈBRES CIVILS.

Art. 37. Les autorités et les corps constitué dan une colonie ayant leur siège dans la ville de la colonie où ont lieu les obsèques du gouverneur général sont convoqués ou représentés. Ils occupent, dans le convoi, le rang prescrit par l'article 1er du présent décret.

Lorsqu'une des personnes désignées dans l'article 2 du présent décret meurt, les autorités dénommées après elle dans l'ordre des préséances occupent dans le convoi le rang prescrit par ledit article.

Les délégations des corps constitués assistent au convoi dans
les conditions qui sont déterminées pour chaque cas par le
gouverneur général, le chef de la colonie ou du territoire ou leur
délégué et suivant les ordres ou invitations qui leur sont adres-
sés.

SECTION II.

HONNEURS FUNÈBRES MILITAIRES.

Art. 38. Il est rendu des honneurs funèbres par les troupes,
aux gouverneurs généraux, aux secrétaires généraux d'un gouvernement général mort en fonctions; aux gouverneurs ou administrateurs, chefs de colonie, aux lieutenants gouverneurs, aux
résidents supérieurs et autres chefs d'une colonie ou d'un territoire dépendant directement d'un gouvernement général, aux
secrétaires généraux de gouvernements généraux ou de colonies, lorsqu'ils sont morts en fonctions dans leur territoire, aux
membres de la Légion d'honneur, aux militaires et marins de
tous grades.

Art. 39. Pour les gouverneurs généraux des colonies, les gouverneurs ou administrateurs, chefs de colonies, les pavillons
des bâtiments de la flotte et ceux des monuments et établissements publics sont mis en berne.

Les honneurs militaires sont rendus par la totalité de la
garnison.

Les autres dispositions qu'il y a lieu de prendre sont réglées
par le gouvernement.

Art. 40. Les détachements devant assister au convoi des autres
personnes désignées à l'article 38 ont les effectifs suivants :

1° Pour le secrétaire général d'un gouvernement général, le
lieutenant gouverneur, le résident supérieur ou autre chef d'une
colonie ou d'un territoire dépendant d'un gouvernement général,
un général de division commandant supérieur des troupes ou un
général de division commandant une division territoriale, les
deux tiers de la garnison;

2° Pour un général de division ou un vice-amiral, la moitié
de la garnison;

3° Pour un général de brigade ou un contre-amiral, le tiers
de la garnison.

Les mêmes honneurs funèbres sont rendus aux officiers généraux et aux fonctionnaires des différents services de la guerre

et de la marine titulaires de grades ou de rangs correspondants
à ceux de généraux de division ou vice-amiraux et de généraux
de brigade ou contre-amiraux, d'après la correspondance de leur
grade avec ceux de général de division et de général de brigade. Les inspecteurs généraux de 1re classe des colonies reçoivent les honneurs funèbres dus aux généraux de division. Les
inspecteurs généraux de 2e classe des colonies reçoivent les
honneurs funèbres dus aux généraux de brigade.

Les honneurs funèbres attribués aux militaires et marins de
grades non spécifiés dans le présent article sont déterminés
par le règlement sur le service de place.

Art. 41. Les grands-croix de la Légion d'honneur sont traités
comme les généraux de division, commandants supérieurs des
troupes; les grands-officiers de la Légion d'honneur, comme les
généraux de division du cadre d'activité; les commandeurs, comme les colonels; les officiers, comme les chefs de bataillon ou
d'escadrons; les chevaliers, comme les lieutenants du cadre
d'activité.

Art. 42. Dans les villes qui n'ont pour garnison qu'un régiment ou fraction de régiment, et dans les cas prévus par les
paragraphes 2, 3, 4, 5, de l'article 40, toutes les troupes prennent les armes.

Art. 43. Les honneurs définis par l'article 40 appartiennent
exclusivement aux officiers généraux de la 1re section du cadre
de l'état-major général de l'armée.

DISPOSITIONS GÉNÉRALES.

Art. 44. Les honneurs à rendre à bord des bâtiments de la
flotte font l'objet de décrets spéciaux pris d'accord par le Ministre de la marine et par celui des colonies.

Art. 45. Les gouverneurs généraux et gouverneurs et autres
chefs de colonies peuvent inviter par lettres spéciales à une
cérémonie publique les autorités indigènes. Ces lettres fixent
les honneurs à leur rendre et le rang qu'elles occupent. Le
Ministre des colonies est avisé, d'urgence, de ces invitations.

Art. 46. Sont abrogées toutes dispositions contraires à celles
du présent décret.

Art. 47. Le Ministre des colonies est chargé de l'exécution du
présent décret, qui sera publié au *Journal officiel* de la Répu-

blique française et inséré au *Bulletin des lois*, ainsi qu'au *Bulletin officiel* des colonies.

Fait à Paris, le 10 décembre 1912.

A. FALLIERES.

Par le Président de la République :
Le Ministre des colonies,

A. Lebrun.

* * *

B. — DISPOSITIONS DIVERSES.

Page 117.

Circulaire relative aux honneurs militaires auxquels ont droit les colonels exerçant un commandement par intérim.

(Cabinet du Ministre; Bureau de la Correspondance générale.)

Paris, le 6 octobre 1911.

Aux termes de l'article 45 du décret du 16 juin 1907, relatif aux cérémonies publiques, préséances, honneurs civils et militaires, « les officiers généraux qui commandent par intérim ou pendant l'absence des commandants titulaires n'ont droit qu'aux honneurs militaires de leur grade ».

Le Ministre rappelle que ces prescriptions sont applicables également aux colonels exerçant un commandement par intérim.

L'intérim d'un commandement de brigade confère 'donc à ces colonels, dans la troupe, les honneurs dus aux colonels de chacun de leurs régiments et, dans l'étendue de leur subdivision, les honneurs dus aux commandants d'armes du grade de colonel.

* * *

Page 156.

Circulaire relative à la manière de rendre les honneurs.

(Etat-Major de l'Armée; Bureau des Opérations militaires et de l'Instruction générale de l'armée.

Paris, le 6 novembre 1911.

Le règlement sur le service de place stipule, à l'article 118, que « pour rendre les honneurs, les militaires armés du fusil mettent l'arme sur l'épaule droite, baïonnette au canon; les militaires armés du sabre, de l'épée ou de la lance, se mettent au port de l'arme ».

Cette manière de rendre les honneurs laisse à désirer à beaucoup d'égards.

En premier lieu, la position de l'arme sur l'épaule droite est difficile à réaliser avec la correction désirable.

En second lieu, il est nécessaire que, à l'idée élevée de l'honneur à rendre, corresponde un mouvement spécial de l'arme qui, tout en étant d'une exécution simple et facile, favorise la fierté de l'attitude.

Il importe cependant de ne pas introduire dans nos règlements un nouveau mouvement de maniement d'armes qui aurait l'inconvénient de compliquer l'instruction.

La position du premier mouvement de l'ARME SUR L'ÉPAULE DROITE pour les militaires armés du fusil, et celle du premier mouvement de REMETTEZ LE SABRE pour les militaires armés du sabre ou de l'épée, satisfont aux conditions indiquées.

Dans un ordre d'idées analogue, il est désirable de donner plus d'ampleur au mouvement du salut du sabre exécuté par les officiers.

Enfin, il y a lieu de préciser plus complètement le cérémonial suivant lequel les honneurs doivent être rendus au drapeau, afin de donner à ces honneurs le caractère imposant qu'ils doivent présenter.

En conséquence, j'ai décidé qu'à *partir du 1ᵉʳ janvier* 1912, les modifications suivantes aux règlements en vigueur seront appliquées *à titre d'essai.*

A. — DISPOSITIONS COMMUNES A TOUTES LES ARMES.

1° *Manière de rendre les honneurs.*

Pour rendre les honneurs, de pied ferme ou en marche, les militaires armés du fusil, du sabre ou de l'épée, présentent l'arme dans les conditions indiquées ci-après (§ B, 1° ; § C, 1°, 2°, 3°); ceux armés de la lance se mettent au port de la lance.

2° *Application pratique.*

Dans tous les cas où il était prescrit aux militaires isolés ou en troupe de placer l'arme sur l'épaule droite ou de se mettre au port du sabre pour rendre les honneurs ou les marques extérieures de respect, ces mouvements seront désormais remplacés par celui de : présenter l'arme ou le sabre.

3° *Salut du sabre.*

Etant au port du sabre, à six pas de la personne que l'on doit saluer, élever le sabre verticalement, le tranchant à gauche, la poignée vis-à-vis et à trente centimètres de l'épaule droite.

Etendre le bras verticalement de toute sa longueur.

Baisser la lame, le poignet en quarte.

Relever vivement le sabre, après avoir dépassé la personne que l'on a saluée.

Porter le sabre.

B. — DISPOSITIONS PARTICULIÈRES AUX ARMES A PIED.

1° *Présenter l'arme.*

Présentez = ARME.

Etant dans la position de l'ARME AU PIED, exécuter le premier mouvement de l'ARME SUR L'ÉPAULE.

Etant dans la position de l'ARME SUR L'ÉPAULE, de pied ferme ou en marche, exécuter le premier mouvement de REPOSER L'ARME.

Etant dans la position de PRÉSENTER ARME, le soldat est remis dans la position de l'ARME SUR L'ÉPAULE ou de l'ARME AU PIED, aux commandements de l'ARME SUR L'ÉPAULE DROITE OU REPOSEZ ARME.

2° *Honneurs au drapeau.*

(Les prescriptions concernant l'escorte du drapeau et sa marche jusqu'au logement du colonel sont maintenues.)

Dès que le drapeau paraît, le capitaine, placé devant le centre de la compagnie, face au drapeau, fait présenter l'arme, commande AU DRAPEAU et salue du sabre.

Les tambours et clairons battent et sonnent trois fois.

La musique joue le refrain de l'hymne national.

Le capitaine conserve le sabre abaissé jusqu'à ce que les tambours et clairons aient cessé de battre et de sonner.

Le capitaine fait mettre l'arme sur l'épaule; le drapeau et sa garde se portent entre la 2ᵉ et la 3ᵉ section; le lieutenant reprend sa place.

Le détachement est mis en marche au son de la musique et se rend au lieu de rassemblement. Il est arrêté face au centre du régiment et à environ cinquante pas. Les tambours, clairons et musique cessent de jouer.

Le colonel fait mettre la baïonnette au canon.

Le drapeau et les sous-officiers qui l'accompagnent se portent à dix pas en avant.

Le colonel fait présenter l'arme. Tous les regards se fixent sur le drapeau.

Le colonel se porte à environ dix pas du drapeau, commande AU DRAPEAU et salue du sabre.

Les tambours et clairons battent et sonnent trois reprises, la musique joue le refrain de l'hymne national.

Le colonel conserve le sabre abaissé jusqu'à ce que la musique ait cessé de jouer.

Il fait ensuite reposer les armes et remettre la baïonnette. Le porte-drapeau va prendre sa place, les deux sous-officiers rejoignent leur compagnie et le détachement va prendre sa place en passant derrière le régiment.

Le drapeau est reconduit au logement du colonel dans l'ordre prescrit ci-dessus et reçoit les mêmes honneurs. Le détachement rentre ensuite au quartier sans bruit de caisse ni de musique.

C. — DISPOSITIONS PARTICULIÈRES AUX ARMES MONTÉES.

1° *Maniement de la carabine et du mousqueton.*

Présentez = ARME :

Mêmes dispositions que pour les armes à pied.

2° *Maniement du sabre, à pied.*

PRÉSENTER LE SABRE :

(Le cavalier étant au port du sabre.)

Présentez = SABRE :

Exécuter le premier mouvement de REMETTRE LE SABRE.

Etant dans la position de *Présentez* = SABRE, le cavalier revient à la position de *Portez* = SABRE, au commandement de *Portez* = SABRE.

3° *Maniement du sabre à cheval.*

Présentez = Sabre :

Ayant déjà le sabre à la main, exécuter le premier mouvement de REMETTRE LE SABRE.

Etant dans la position de *Présentez* = Sabre, le cavalier revient à la position de SABRE A LA MAIN, au commandement de *Portez* = Sabre.

4° *Réception de l'étendard.*

Dès que l'étendard paraît, le capitaine, placé devant le centre de l'escorte, face à l'étendard, fait présenter le sabre, commande A L'ÉTENDARD et salue du sabre; les trompettes sonnent trois reprises.

Le capitaine conserve le sabre abaissé jusqu'à ce que les trompettes aient fini de sonner.

Il fait porter le sabre; l'étendard et sa garde prennent leur place.

Le capitaine fait rompre l'escorte et la remet en marche dans l'ordre où elle est venue; les trompettes sonnent la marche.

Lorsque l'étendard arrive devant le régiment, le colonel fait mettre le sabre à la main; les trompettes cessent de sonner et vont prendre, ainsi que l'escorte, leur place de bataille, en passant derrière le régiment.

Le porte-étendard, accompagné des deux maréchaux des logis, se dirige vers le centre du régiment et s'arrête devant le colonel, faisant face au régiment; le colonel fait alors présenter le sabre, commande A L'ÉTENDARD et salue du sabre.

Il conserve le sabre abaissé jusqu'à ce que les trompettes aient fini de sonner.

Il fait ensuite porter le sabre.

Le porte-étendard se rend à sa place de bataille.

L'étendard reçoit à son départ les mêmes honneurs qu'à son arrivée et il est reconduit au logement du colonel dans l'ordre prescrit ci-dessus.

A pied, l'escorte est composée de la même manière et l'étendard reçoit les mêmes honneurs.

Lorsque les cavaliers sont armés de la carabine, ils présentent l'arme.

Dans les régiments armés de la lance, les honneurs à l'étendard sont rendus au port de la lance.

MESSIMY.

Page 156.

Circulaire relative aux règles à suivre pour la convocation des différentes autorités à la revue du 14 juillet.

(Cabinet du Ministre; Bureau de la Correspondance générale.)

Paris, le 22 juin 1912.

Il a été rendu compte au Ministre que des divergences de vues s'étaient produites l'an dernier dans quelques corps d'armée au sujet des règles à suivre pour la convocation des différentes autorités à la revue du 14 juillet.

Cela tient à ce que, en vertu d'une décision ministérielle (Guerre) du 5 juin 1895, reproduite au *Bulletin officiel* de 1908, l'autorité militaire est invitée à adresser à ces autorités les convocations d'usage, alors qu'aux termes d'une circulaire du ministère de l'intérieur en date du 9 juillet 1907, la revue étant considérée comme une cérémonie publique, les convocations doivent être faites par l'autorité civile, lorsque l'autorité militaire lui a fait connaître l'heure et l'emplacement de la revue.

Après entente avec le ministère de l'intérieur, il a été décidé qu'il convenait d'organiser la revue du 14 juillet dans les conditions générales prévues par le décret du 16 juin 1907 sur les honneurs et préséances et précisées par la circulaire de l'intérieur susvisée.

En conséquence, les commandants d'armes des différentes garnisons où une revue est passée à l'occasion du 14 juillet se borneront désormais à faire connaître l'heure et le terrain choisis pour la revue à l'autorité civile qui adressera les convocations officielles d'usage, délivrera les invitations et fera procéder aux installations nécessaires, sans que le Département de la guerre ait aucune dépense à supporter de ce fait. Enfin le service d'ordre dans les enceintes de spectateurs sera assuré par l'autorité civile.

3° Maintien de l'ordre public.

Page 157.

*Circulaire modifiant l'instruction du 20 août 1907 relative
à la participation de l'armée au maintien de l'ordre public.*

(Cabinet du Ministre; Bureau du Personnel des Officiers généraux, Décorations, Affaires diverses et d'ordre général.)

Paris, le 12 décembre 1912.

Paragraphe II, art. 2.

Ajouter à l'énumération des autorités civiles qui sont en droit de faire des réquisitions de troupes de ligne : « Les contrôleurs civils en Tunisie. »

4° Objets divers.

Page 176.

*Circulaire relative à l'entrée des inspecteurs des fraudes
dans les bâtiments militaires.*

(Cabinet du Ministre; Bureau de la Correspondance générale.)

Paris, le 24 janvier 1912.

Pour répondre au désir de M. le Ministre de l'agriculture, le Ministre a décidé que, par analogie avec les dispositions édictées par l'article 79 du décret du 7 octobre 1909 sur le service de place (*B. O.*, É. M., vol. n° 75, p. 39), pour les employés chargés de la perception des droits dont sont passibles les cantiniers établis dans les établissements militaires, les commandants d'armes devront veiller à ce que les inspecteurs du service des fraudes, chargés de procéder à la visite inopinée des cantines, ne soient pas entravés dans l'exercice de leurs fonctions, sous la seule réserve de justifier de leur qualité à leur entrée dans les bâtiments militaires.

Page 200.

Circulaire relative à l'interprétation à donner au décret du 12 juillet 1886 sur les cercles et bibliothèques militaires, en ce qui concerne le paiement des cotisations des officiers de réserve et de l'armée territoriale. (1).

(Cabinet du Ministre; Bureau des emplois réservés; Œuvres d'éducation morale et de mutualité.)

Paris, le 27 août 1912.

La question a été posée de savoir si les officiers de réserve et de l'armée territoriale doivent, pendant la durée de leur présence sous les drapeaux, être astreints au payément obligatoire de la cotisation au cercle ou à la réunion d'officiers de leur garnison.

Il y a lieu de distinguer deux cas :

1° Les officiers de réserve appelés sous les drapeaux en vertu des dispositions des articles 23, 24 et 25, § 3, de la loi du 21 mars 1905, accomplissent en fait, pendant six mois ou un an, un service actif. Ces officiers sont donc soumis aux prescriptions du décret du 12 juillet 1886 sur les cercles et les blibliothèques militaires, et doivent, en conséquence, payer la cotisation;

2° Dans tous les autres cas, les officiers de réserve n'accomplissant que des périodes d'instruction, l'on ne saurait leur appliquer, d'office, les dispositions du décret susvisé, aux termes duquel, d'ailleurs, ils ne sont admis au cercle que sur leur demande.

---

(1) Ce document sera ultérieurement incorporé dans le volume 554 (cercles et bibliothèques militaires).

TABLES

TABLE MÉTHODIQUE

TABLE CHRONOLOGIQUE

TABLE DES MATIÈRES

C

E

H

R

Imprimerie militaire
Henri CHARLES-LAVAUZELLE
PARIS ET LIMOGES